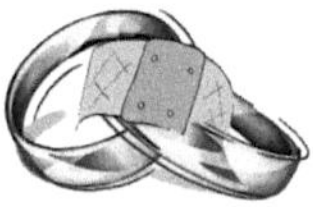

1. Auflage 2014

Zeichnungen: Heyko Stöber, gstoeber@gmx.de
Umschlaggestaltung, Layout/Satz: Wilfried Klei
Umschlagmotiv: Heyko Stöber
Lektorat: Natalie Nicola
Korrektorat: Katja Wetzel
Motiv Ringe: artikularis - fotolia.com
Printed in Germany

Verlag: tao.de in J. Kamphausen Mediengruppe GmbH, Bielefeld
www.tao.de, eMail: info@tao.de

Bibliografische Information der Deutschen Nationalbibliothek:
Die Deutsche Nationalbibliothek verzeichnet diese Publikation
in der Deutschen Nationalbibliografie; detaillierte bibliografische
Daten sind im Internet über **http://dnb.d-nb.de** abrufbar.

ISBN Paperback: 978-3-95802-115-0
ISBN Hardcover: 978-3-95802-116-7
ISBN E-Book: 978-3-95802-117-4

Wolf W. Lasko

DAS ULTIMATIVE EHE RETTUNGS BUCH

Von der Lust-Ehe zur Frust-Ehe und wieder zurück

Zeichnungen: Heyko Stöber

tao.de

Von der Lust-Ehe zur Frust-Ehe

und wieder zurück

Sie können jetzt drei Dinge tun:

1.

Sie schauen sich nur die Illustrationen an und haben etwas zum Lachen.

2.

Sie sehen sich die Illustrationen an, lesen dazu den Text und schmunzeln.

3.

Sie schauen sich die Illustrationen an, lesen dazu den Text und erkennen den bemerkenswerten Inhalt.
In diesem Fall haben Sie auf angenehme Weise etwas gelernt.

Herr Flow ist jung.

Seine Hormone sind in Bestform und drängen auf Erfüllung ihrer Aufgaben.

Das ist Herr Flow.

Herr Flow ist also heiß und hungrig.

Und weil es außerdem gar nicht gut ist,
alleine zu sein, fliegt Herr Flow in der
Akquisitionsschleife.

Er sucht die Intensivsozialpartnerin (ISP),
die Lebensabschnittsgefährtin (LAG)
oder am besten doch gleich die Liebe fürs
Leben (LfL).

Selbstverständlich soll's nicht irgendeine sein. Sein Ziel ist es, die Wunschkreuzung zu finden, die perfekte Entsprechung seiner Bedürfnisse.

Sein paranoider Hochrechner, auch Verstand genannt, schlägt fröhliche Kapriolen, wenn er sein **Prachtweib** visualisiert.

... soll sie sein!

Das ist der Idealmix für eine lebenslange Beziehung, zumindest aber das Versprechen einer großen Glücks-Wahrscheinlichkeit. – So jedenfalls die hormongesteuerte Spekulation von Herrn Flow.

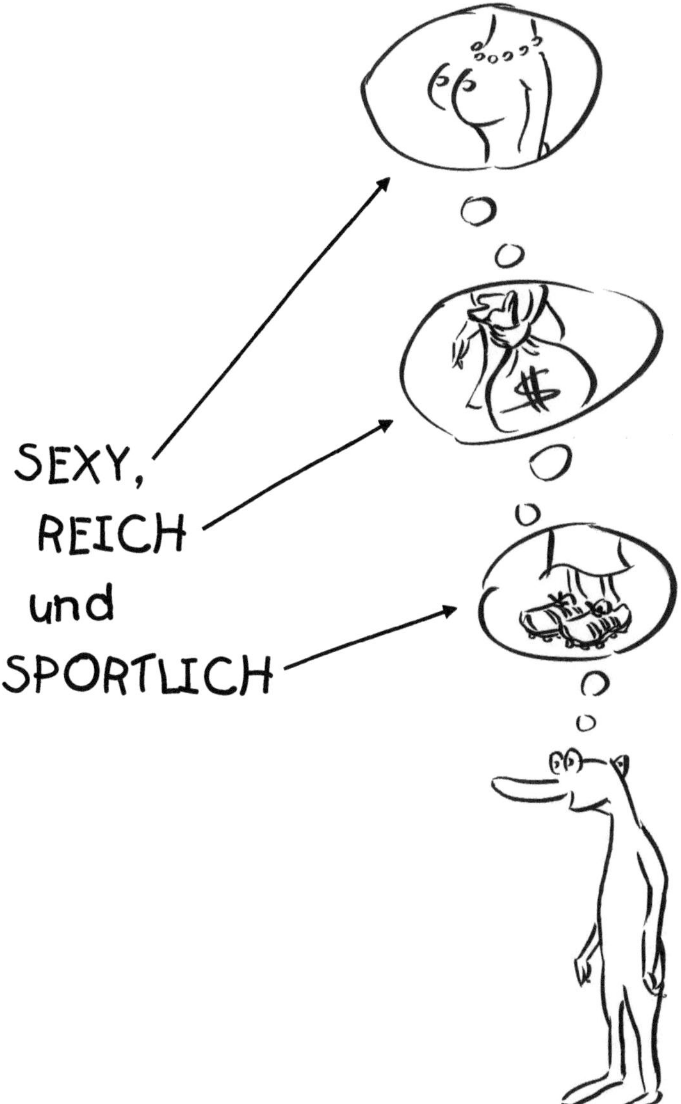
SEXY,
REICH
und
SPORTLICH

Das erste Objekt seiner Begierde

ist dann auch schnell gefunden. Zwar ist es die überwiegend sportliche Variante des ersehnten Prachtweibs, aber nun ja – etwas Verlust ist immer.

Immerhin kann er mit ihr im direkten Feldversuch zufrieden feststellen, dass er nicht nur Verbalerotiker ist.
Auch wenn er sich eingestehen muss, dass die körperliche Ertüchtigung der Partnerin zwar durchaus Vorteile hat, die dezimierten anderen Tugenden jedoch nicht wettmachen kann.

Herr Flow kommt zu der klugen Erkenntnis, dass **Liebe auf den ersten Blick** wohl doch nur die Entschuldigung der Männer dafür ist, dass sie es eilig haben.
Fortan nimmt er sich **Zeit für einen zweiten Blick.**

Weil zwei Blicke aber auch nicht viel Zeit beanspruchen, trifft er schon bald die nächste potenzielle Partnerin. **Die ist sportlich und sexy.** Sein Neuronenbrutkasten erhitzt sich auf 100 Grad, und mit diabolischer Lust sagt er sich: „Liebe deine Nächste so schnell du kannst und solange sie noch warm ist."

Vier Wochen später sind die **Temperaturen dem Gefrierpunkt** nahe und er begibt sich wieder auf die Pirsch.

Herr Flow prüft die Liebe in eifrigen Feldversuchen. Das ist anstrengend und das ist zeitraubend. Wer will es ihm da verdenken, dass er das Bettlaken erst wechseln kann, nachdem es mehreren Liebhaberinnen als Lager diente?

Doch dann, eines Tages – bingo!
Das Universum meint es gut mit ihm.
Sie ist sportlich und sexy und reich! Sein Beuteschema ist Wirklichkeit geworden.

Ein gigantischer Spaß erfüllt ihn, sein Inneres erlebt die wahre Lust. Herr Flow ist total verliebt. Ach was … er liebt!

Zwar hört man ihn im Kreise seiner engsten Freunde ein wenig selbstironisch feixen: „Monetäres Glück schützt vor dem Triebverlust im Alter."
Ansonsten aber kann er gar nicht anders, als mit seinen Worten wahre Triumphbögen für sie zu erschaffen. Denn diese Frau hat einfach alles, wonach er gesucht hat.

Endlich kann er seinen Traum von der Wunschkreuzung entlassen – mit dieser Frau ist er zu realem Leben erweckt worden.

Sein Glücksgefühl ist unbeschreiblich. Und weil auch sie von ihm nur in den höchsten Tönen schwärmt, steigert sich sein Selbstwertgefühl ins Unendliche. Er fühlt sich unwiderstehlich. Er ist der King im Ring!

(Anmerkung: Nur gut, dass er nicht gerade bei einer anderen war, als die Liebe bei ihm anklopfte.)

Verständlich, dass solches Glück
die Neider auf den Plan ruft.

Eifersüchtig fleht seine Ex ihn an,
zu ihr zurückzukommen. Erfolglos.
Sie versucht's auf die neckische Art:
„Nimm mich, auf mir siehst du viel besser aus."
Ebenfalls erfolglos.
Sie reagiert giftig: „Die andere zu nehmen
ist ein unappetitliches Psychomanöver
mit ungewissem Ausgang."
Erst recht erfolglos.

Auch Freunde warnen ihn: „Du, vergiss
die, die hab' ich auch schon mal gehabt."
Nutzlos ...

Die Mutter sagt: „Vergiss sie, mein Sohn. Diese Lady kann nicht kochen. Niemals wird sie deinen geliebten Rheinischen Sauerbraten so vorzüglich zubereiten können, wie ich es kann. Bleib' doch einfach Junggeselle. Du kannst bei uns wohnen, wir sind immer für dich da."

Der Vater mahnt: „Pass auf, dass sie dich nicht ganz einfängt. Die Ehe ist niemals mehr als ein Souvenir der Liebe. Aber vor allem, mein Sohn", so der Vater mit grimmigem Blick zur Mutter, „achte bei deiner Entscheidung auf die Idealmaße einer Frau: 90-60-40! Will sagen: 90 Jahre alt, 60 Millionen auf dem Konto und mit 40 Grad Fieber im Bett."

Na und? Herr Flow lässt sich durch nichts beirren und nutzt den nächstbeste

Moment für das intime Ja zur lebenslangen Beziehung.

Es fällt also die Entscheidung:
Nicht für die Luxuswohnung des „Alleinseins"
(die man ohne Not eigentlich nicht aufgibt),
sondern für den Einbürgerungsakt in
die Heimat der freiwilligen
Verwandtschaft.

Anmerkung:
EHE heißt übersetzt „Erare humanum est". (Für Leser des zweiten Bildungswegs: „Irren ist menschlich.")

Mit dem Jawort der Angebeteten geht für Herrn Flow die Sonne auf. Er schwebt auf Wolken, ist im siebten Himmel.

Nun also nimmt das Experiment „Ehe" im Forschungslabor „Leben" seinen Lauf, und der Ring am Finger definiert die erwartete Erlebnissteigerung.

Filmschnitt ...

... Jahre später.

Die Balz-Intensitäten sind inzwischen dem grauen Alltag gewichen.
Das Charakteristikum des verflixten siebten Jahres setzt sich in Szene und

das ganz normale Ehedrama

kann beginnen.

Die Ehe schleppt sich dahin. Die eheliche Duldungsstarre schlägt zu, und damit stürzt **die Kurve der Liebe** in rasanter Talfahrt der Nullinie entgegen.

Als großes Abenteuer war es geplant: **Gemeinsam alt werden**, Schlaganfall, Intensivstation und dann ab in die Urne zum letzten Meeting auf dem Zentralfriedhof. Und jetzt? Jetzt regiert die Angst vor einem unaufhaltsamen Abstieg in die **Banalität des Alltagslebens** und die psychologischen Spätfolgen sind bereits unverkennbar in die Wege geleitet.

JAHRE

Was ist passiert? Oder anders gefragt: Was ist eben nicht passiert?

Wie auch immer. Fest steht:
Die Schrecklichen 4 haben sich der Beziehung bemächtigt. Sie sind aus der üppigen Fundgrube des ehelichen Standard-Inventars entwischt und über Herrn Flow und seine Angetraute hergefallen.

Lernen Sie die Schrecklichen 4 nun kennen.

Die 1. Schreckliche –

Die ehedem so heiß geliebte Intensivsozial-partnerin entwickelt sich weiter. Sie wird kreativ und hat Interesse an intellektuellen Herausforderungen. Das ist neu, das gab es nicht, als Herr Flow sie kennenlernte. Jetzt will sie sogar studieren! Unterm Strich: Sie ist eine schrecklich andere geworden.

„Sie entwickelt sich weiter“

Zwar ist sie immer noch dieselbe, aber irgendwie ist sie es auch wieder nicht. Zynisch kommentiert Herr Flow: „Es gibt immer noch so viele Idioten wie früher, nur haben sie jetzt studiert." Sie studiert trotzdem, macht den Doktor, ist viel unterwegs.

Von häuslicher Nähe keine Spur.

Herr Flow ist perplex, paralysiert.
Der Satz eines guten Freundes fällt ihm ein: „Intelligenz ist die Eigenschaft, die ein Mann bei einem Mädchen sucht, nachdem er alles andere schon gefunden hat.“ Doch Herr Flow weiß sicher: Bei seiner Frau sucht er diese Eigenschaft auf keinen Fall!

Anmerkung: Es gibt Millionen anderer Varianten.

Die 2. Schreckliche –

Es kommt noch schlimmer.

Sie will ein Kind. „Kinder", so sagt sie, „sind das letzte große Abenteuer auf dieser Welt." Das war nie geplant. Vor sieben Jahren wollte er kein Kind.
Er will nach wie vor nicht, sie umso vehementer. Sie hatte schon immer diesen Wunsch, nur hat sie ihn bisher versteckt. Jetzt sagt sie es – offen und frei heraus.

Herr Flow hat ihren Wunsch nie registriert. Der berühmte „blinde Fleck" hat ihm da wohl die klare Sicht getrübt. Denn auch **ein Liebender sieht nicht, was er nicht sehen will** – selbst wenn es der Herzenswunsch der Geliebten ist.

Sein „blinder Fleck“

Die 3. Schreckliche –

(Naja, es könnte auch eine Rückentwicklung sein.)

Kommen wir nun zu Herrn Flow. Natürlich verändert auch er sich, und nicht gerade widerwillig lässt er sich von Freunden überreden, einmal etwas Verrücktes und Aufregendes zu tun:

Er sieht sich einen Sexfilm der „ganz besonderen" Art an.

Was er dort sieht, das bekommt er zu Hause nicht. Bisher wusste er nicht einmal, dass es so etwas gibt, aber jetzt will er es auch haben.

Was stört es ihn, dass ein Kuss hier Ausdruck der Fresslust ist, die darauf abzielt, das Objekt zu verschlingen, mit all dem gallebitteren Nachgeschmack, der solche unappetitlichen Dramaturgien begleitet.

„Er entwickelt sich weiter"

„Liebe deine Nächste so schnell du kannst!" – Wo die Illusionslust mit solch kollegialer Munterkeit das Kernthema parolenmäßig bearbeitet, bleibt es nicht aus, dass Herr Flow bisher unbekannte Interessen für das andere Geschlecht und dabei völlig neue Perspektiven gewinnt. Seine Ziele: Die 64 Stellungen des Kamasutra im Sauseschritt durcheilen, eine Dauerkarte für den Swingerclub und Präsident des Vereins „Porno2go".

Die 4. Schreckliche –

Und dann gibt es noch etwas, was bei Herrn Flow zwar nur in Ansätzen, aber doch immer schon da war. Nur sein Prachtweib hat davon nichts mitbekommen. Es lebe der „blinde Fleck“! Doch nun aktiviert er diese Veranlagung und baut sie intensiv aus.

Er wird gesellig. Immer öfter geht er aus. Immer öfter hat er Lust, einen – wenn's sein muss auch über den Durst – zu trinken. Und weil er seinen letzten Absacker gerne alleine mit dem Wirt trinkt, ist es klar, dass er erst spät, sehr spät nach Hause kommt.

Statt in meditativem Eremitentum dahinzuleben, wie oft scherzhafterweise in früheren Ehejahren angedroht, wird er nun also zu einem apokalyptischen Reiter, der in wildem Ritt durch die Kneipen jagt.

Ihr „blinder Fleck"

Und: Er will einmal Prinz in Kölle sein – die Hochburg des Kneipenlebens.

Die Schrecklichen 4 reiben sich vergnügt die Hände. Sie haben das Dilemma erfolgreich inszeniert:
Die ehemals vertrauten, verliebten und geliebten Partner sind sich fremd geworden. So fremd, als wären sie zwei vollkommen neue Menschen.

Sie hat sich entwickelt:
Kreative Interessen, intellektuelle Herausforderungen und dann auch noch der Doktortitel.

Sein „blinder Fleck“:
Dass sie Pänz will hat er geflissentlich übersehen.

Er hat sich
entwickelt (vielleicht
eher zurück als weiter,
aber immerhin ...): Special Sex, Porno2go.

Ihr „blinder Fleck“: Sie wollte einfach nicht wahrhaben, dass er ein begeisterter Kneipengänger war und ist.

Das Lebensdrama nimmt nun also seinen tragischen Lauf.

An einem schönen Sonntagnachmittag sitzt Herr Flow der ehemals so heiß begehrten und geliebten, weil real gewordenen Wunschkreuzung gegenüber.
Und vor seinem inneren Auge sieht er auf einmal die Schrecklichen 4, die 4 Meister der angeblich fremdbestimmten Katastrophen, und ...

... wünscht sich, dass sie das, was er will, aus eigenem Antrieb tut, dass sie endlich die Initiative ergreift, aktiv wird, um so zu sein, wie er sie sich wünscht.

Er wünscht es sich,

wünscht es,

wünscht

und wartet.

... aber es klappt nicht.

Da muss er also wohl aktiv werden.

Was bedeutet: Er will sie mit einer subtilen Art von Seelendoping aktiv verändern. Denn warum sollte er sich ändern? Sie muss anders werden!

Doch so sehr er auch an ihr dreht, es klappt einfach nicht.

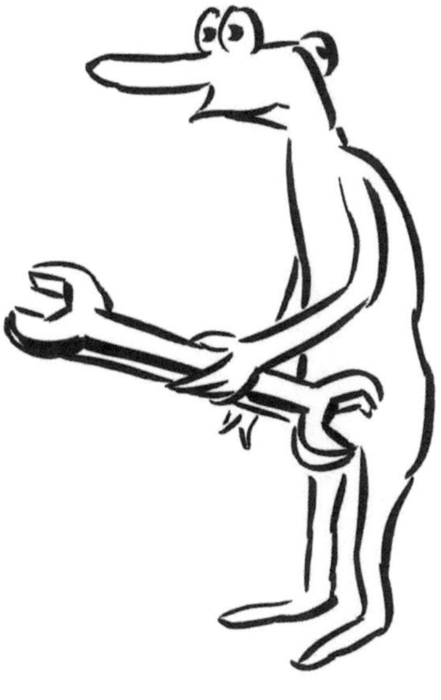

Gut, dann wird er sich also von ihr scheiden lassen. Er wird sie verlassen, einfach Tschüss sagen, sich aus dem Staub machen.

Anmerkung:

Herr Flow hat schon einen Rechtsanwalt konsultiert

Dass er damit den trivialen Weg einer Verpisserroute einschlägt, erkennt er nicht. Und dass er damit haargenau dem Profil des Typs entspricht, der von der geistigen Flexibilität einer Eisenbahnschwelle getrieben wird, logischerweise ebenfalls nicht.

und musste leider erfahren, dass Rechtsschutzversicherungen nicht für Scheidungskosten aufkommen.

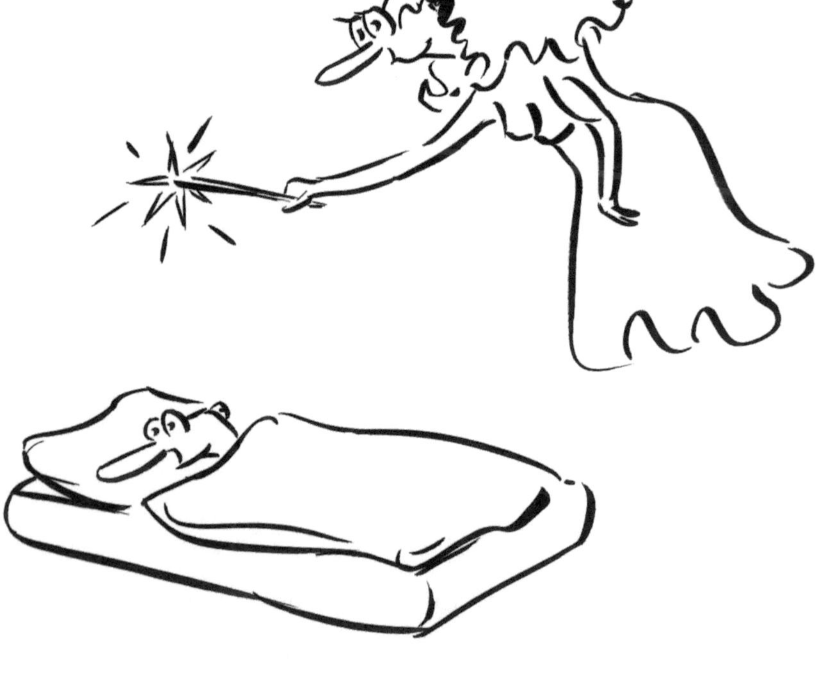

Eines Nachts erscheint ihm im Traum eine Zauberfee.

Es ist die Fee 7. Sie wird so genannt, weil sie allen verheirateten Intensivsozialpartnern im 7. Ehejahr erscheint, bedauerlicherweise aber nur als Erscheinung gewertet wird.

(Siehe als Beweis die vom Statistischen Bundesamt veröffentlichten Scheidungsquoten.)

Mit ihrem Zauberstab kitzelt sie Herrn Flow so lange hinter den Ohren, bis er aufwacht und sie erschrocken anstarrt.
„Ha", sagt die Fee 7, „mit dir will ich reden.

Starr mich nicht so an, sondern höre mir besser aufmerksam zu. Du hast deine Lebendigkeit verloren und weißt nicht, warum. Aus diesem Erklärungs-notstand befreit dich erst einmal nur eine intellektuelle Erkenntnis. Danach aber musst du mit deinem Herzen entscheiden, was du willst.
Los geht's mit Lektion A."

Lektion A

als du deine Intensivsozialpartnerin (ISP) kennenlerntest, wusstest du von Anfang an, was passieren kann, wenn ihr heiratet:

- Es wird eine tolle Ehe oder
- es wird eine schleppende Ehe oder
- es wird eine furchtbare Ehe oder
- sie verlässt ihn oder
- er verlässt sie.

Ja, ja, ich weiß, auch du wolltest eine tolle Ehe führen. Aber es gibt nun einmal Spielregeln, und wenn diese Spielregeln nicht eingehalten werden, ist es vorbei mit einer tollen Ehe. Auch das wusstest du von Anfang an.

Also: Du kanntest die Varianten einer Ehe von Anfang an, und du wusstest, dass es bestimmte Spielregeln gibt, damit die Ehe funktioniert. Wenn dir das alles klar war, **wer ist denn dann verantwortlich für die Situation,** wie sie jetzt ist?“

Nachdenklich antwortet Herr Flow: „Wenn du das so siehst ..., so habe ich es noch nie gesehen ..., aber dann wäre es ja ich, der verantwortlich ist!“

Die Fee 7 nickt energisch. „Gut, nur wenn du so denkst, kannst du erkennen, dass du der Schöpfer dieser schleppenden Ehe bist. Und nur dann kannst du das auch verändern. Nur dann kannst du dich verändern, kannst Schöpfer und Regisseur sein, damit aus der jetzigen Situation wieder eine tolle Ehe wird.

Aber höre weiter zu. Es folgt Lektion B.“

REGIE

Lektion B

„Du wusstest auch, dass es die Schrecklichen 4 in verschiedenen Versionen gibt.

Bei euch haben sie sich so gezeigt:

1. Sie entwickelt sich weiter, interessiert sich für Intellektuelles und promoviert.

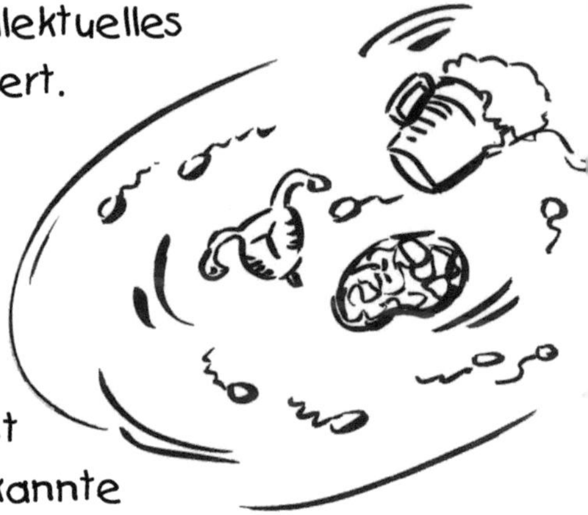

2. Sie drängt darauf, ein Kind zu bekommen.
3. Du entdeckst bisher unbekannte Gelüste – Special Sex.
4. Du findest Gefallen an neuen Spaßfaktoren – die Kneipe.

Stimmt das?" „Eigentlich ja", erwidert Herr Flow, „aber das alles ist einfach so passiert. Das alles war nicht so bewusst." „Tja, mein Lieber. Ob einfach so oder unbewusst. Du bist auch dafür verantwortlich. Du hast es so gewollt. Du bist der Regisseur und Schöpfer. Du bist zwar nicht verantwortlich für das Verhalten des Partners, wohl aber dafür, dass du dich in eine Situation bringst, also die Ehe, wo diese Spielvarianten möglich sind."

Lektion C

„Auf geht's zur nächsten und letzten Lektion. Und ich kann dir versprechen, die ist nicht ganz ohne ... Also: Wer hat im Standesamt **Ja** gesagt? Du? Deine Mutter? Dein Vater oder irgendein anderer? Wer ist also verantwortlich für das, was ist?"

Herr Flow stöhnt leise auf: „Hör auf, hör auf!
Ich habe verstanden.
Ich habe Ja gesagt
und deshalb bin auch ich
derjenige, der die
Verantwortung trägt."

„Prima", sagt die Fee 7, „du hast es begriffen. Bisher hast du gelebt wie ein Frosch in einem Brunnen. Er beurteilt die Dimension des Himmels nur nach dem Ausmaß des Brunnenrands. Er weiß nichts von der Größe des Himmels und der Weite des Meeres. Doch jetzt weißt du Bescheid. Du hältst jetzt ein Ehe-Harmonie-Set in deinen Händen, hast es in deinem Verstand und hoffentlich auch in deinem Herzen verankert.
Jetzt kannst du wachsen. Glaube mir, das ist keine intellektuelle Nostalgie. Das ist die schlichte Wahrheit. Denn Wachstum ist der einzige Weg, die Welt zu erkennen und in ihr als Schöpfer und Regisseur zu agieren. Und wer nicht wächst (oder wachsen will), der wird kleiner.

Nun schau nicht so verdattert. Stell dir deine Ehe einfach vor wie einen endlosen Kalender. Jedem Tag gehört ein Kalenderblatt, und jedes Kalenderblatt ist ein Wertpapier, dessen Kurs du selber bestimmst. **Du bist der Baumeister, der Schöpfer und Regisseur deines Schicksals.** Ja, ja, mit deiner Ehe sieht es nicht gerade rosig aus. Aber nun lass den Kopf nicht hängen. Weißt du, wenn etwas zu Ende ist, kann man neu anfangen."

Herrn Flow schwirrt zwar der Kopf, doch die Fee 7 lässt noch nicht locker: „Da gibt es noch was, was du dir merken sollst: Ehen sind wie Bierdeckel.

- Sind sie dicht aufeinander (OO) funktioniert es nicht, keiner hat Freiraum, um zu wachsen.
- Sind sie zu sehr auseinander (O O), dann fehlt das Gemeinsame.
- Sind sie leicht überschneidend (OO), haben beide ein Ziel, dann klappt es.

Hast du das kapiert?"

Herr Flow kann nur noch ein ziemlich erschöpft klingendes „Ja“ murmeln.

Nach all diesen Ausführungen und Erklärungen der Fee fühlt er sich wie von einer Verbalkeule getroffen. Und überhaupt: Wer unterhält sich denn schon des Nachts im Traum mit einer Zauberfee?
Ist er vielleicht ein kauziger Outsider, ein sympathischer, wenn auch spinnerter Underdog? Allerdings muss er zugeben, dass diese merkwürdige Fee ihm deutlich gemacht hat, dass er zwar vieles weiß, dass er es aber nicht lebt und schon gar nicht im Herzen verankert hat.

Herr Flow begreift, dass es nur eines gibt, um die Vergangenheit zu bewältigen:
Er muss es in Zukunft anders machen.
Anders – nicht besser. Denn alles, was in der Vergangenheit missglückt ist, war Teil des Spiels, durch das er verstehen, begreifen, erkennen, lernen konnte. Es gibt keinen anderen Weg, um Meister zu werden. Schließlich werden Rosen auch

nicht ihrer Dornen wegen begossen. So, und nun wird er einen Schritt zurücktreten, seinen Blickwinkel erweitern und sich neu orientieren. Denn – auch das hat er begriffen – nur wer sich ändert, bildet sich weiter.

Voller Tatendrang überlegt Herr Flow, was denn nun sein erster Schritt zur Veränderung sein könnte, da bemerkt er, dass die Fee noch nicht verschwunden ist.
Lächelnd schaut sie ihn aus der Ecke des Zimmers an und sagt: „Bevor ich gehe, mein Freund, möchte ich dir sagen, dass du immer die Freiheit hast zu wählen.
Entweder du liebst das, was ist und was du hast. Und wenn du das nicht kannst, dann trenn dich davon. Wenn du das aber auch nicht willst, dann verändere es. Und sollte

auch das dir nicht möglich sein, dann geh zurück auf Start: Liebe es! Der Schlüssel zum Glück heißt also: Love it – leave it – change it. In deinem speziellen Fall bedeutet das:

1. Liebe deine Frau so, wie sie ist. Liebe sie mit all ihrem Wachstum und liebe dich mit all deinem Wachstum, wie du bist – love it.

2. Wenn du das nicht kannst, verlass sie – leave it.

3. Wenn du auch das nicht kannst oder nicht willst, dann verändere etwas – change it! Verändere deine Intensivsozialpartnerin, verändere dich oder verändere die Situation.

Nun schau nicht so bedröppelt. Ich weiß, keine dieser drei Alternativen scheint für dich richtig zu sein. ‚Change it' hast du versucht, das hat nicht funktioniert. ‚Leave it' hast du auch nicht geschafft, und das bestimmt nicht nur, weil du den Anwalt nicht bezahlen wolltest. ‚Love it' kriegst du aber auch nicht hin. Deshalb gibt es für Typen wie dich noch eine weitere Möglichkeit:

4. Oscillate it! Dann musst du dich nicht entscheiden, dann kannst du wie es dir beliebt zwischen Ja und Nein hin und her wechseln.

Morgens ‚Change it', abends ‚Love it', am Wochenende ‚Leave it' – je nachdem, was passiert und wie du selbst drauf bist. Und zwischendurch kannst du dich damit trösten, dass die Frau, die dir morgens mürrisch gegenübersitzt, dieselbe ist, die dir abends mit hinreißendem Lächeln deinen geliebten Rheinischen Sauerbraten serviert (obwohl sie ihn tatsächlich nicht so köstlich zubereiten kann wie deine Mutter). Und wenn sie sich tagelang in ihre Arbeit vergräbt, dich danach aber dann lustvoll verwöhnt – das ist doch was!

Zudem kannst du jeden Tag deiner Ehe, Tag für Tag, darüber nachdenken, ob du dich für 1., 2. oder 3. entscheiden willst. Das ist zwar nicht gerade die vergnüglichste Beschäftigung, doch solange du dich nicht entscheiden kannst oder magst:
‚Oscillate it!' Auch wenn es das Dümmste ist, was du machen kannst."

Herr Flow denkt. Nein, nicht an den Rheinischen Sauerbraten. Er denkt nach, und er denkt lange nach. Dann plötzlich packt ihn eine mittelschwere Erleuchtung: Er ist es, er hat diese Beziehung so geschaffen, wie sie ist. Er ist verantwortlich!
Wie sagte seine Grandma doch immer:
„Was du gibst, wirst du empfangen."
Und auch: „Was du säst, das wirst du ernten."

Herr Flow erkennt: Er ist kein Opfer irgendwelcher Umstände. Er selbst hat die Situation geschaffen, sie ist das Resultat seines Handelns oder auch Nichthandelns.
Und deshalb wird, deshalb kann ihm keiner helfen, nicht einmal seine Intensivsozialpartnerin (ISP).
Es ist allein sein Part! Nur er selbst kann etwas verändern, auch wenn es – vorerst – nur eine veränderte Sichtweise ist.

Wenn ein Kind zwei Meter groß wird und seine Füße im Bett keinen Platz mehr finden, hacken die Eltern ihm dann die Füße ab? Nein, ganz sicher nicht. Sie werden ihm ein neues Bett kaufen.

Ist es mit seinem Wachstum und dem seiner Intensivsozialpartnerin nicht ähnlich? Keine mutwilligen Begrenzungen, sondern genügend Raum schaffen, in dem beide wachsen und auch zusammenwachsen können. „Gefesselte Hände können keinen Beifall klatschen." Den Satz hat er in der Doktorarbeit seiner Frau gelesen. (Thema: „Die Auswirkungen kakofonischer Sinfonien am Beispiel inhaftierter Serienmörder." Jawohl, er hat sie gelesen!)

Er aber will seine Ehe, seine ISP und sich selbst wieder mit Begeisterung beklatschen können. Und deshalb will und wird er die Fesseln lösen, die zwar nicht seine Hände, dafür aber umso stärker seinen Kopf geknebelt haben.

Herr Flow ist jetzt hellwach.

Die Fee ist weg. Oder war da gar keine Fee? War das alles nur ein Traum? Egal, er weiß augenblicklich sehr genau, was er zu tun hat, und er weiß: Er ist – endlich – erwachsen. Er ist erwachsen, weil er bereit ist, die Verantwortung zu übernehmen für seine Ansichten, seine Denkweisen und für seine Interpretationen von dem, was ist.

Er will seine Intensivsozialpartnerin, will sie so, wie sie ist. Nicht schöngefärbt durch die Brille der Vergangenheit, nicht als Projektionsfläche seiner unerfüllten Wünsche. Love it, leave it, change it, oscillate it – das sind nicht nur Alternativen, das sind Wahlmöglichkeiten, Wahlfreiheiten. **Er kann sich frei entscheiden und damit Schöpfer seiner Welt sein.** Ab heute wird er nicht mehr reagieren, ab heute wird er proaktiv seine Welt gestalten. **Er wird der Schöpfer seiner Welt sein!**

Sein Verstand ist auf einmal so klar und sein Herz so voll, wie schon lange nicht mehr. Jetzt sofort muss er ihr davon erzählen! Gottlob ist sie heute bei keinem wichtigen Vortrag, Seminar oder Training.

Eifrig erklärt er ihr seine Erkenntnisse, seine Einsichten, seine neu verstandene Verantwortung.

(Dass er die Fee verheimlicht, sei ihm verziehen.) Er spricht mit ihr über ihre Entwicklung, ihr Wachstum, und er sagt Ja dazu. Er spricht mit ihr über seine Entwicklung, sein Wachstum, und auch dazu sagt er Ja.

Und er sagt ihr, dass er sie liebt, dass er sie so will, wie sie ist.

Und noch etwas hat er begriffen: Grandmas Sprüche sind so wahr und weise wie sie uralt sind. „Das, was du bereit bist zu geben, erhältst du auch zurück", und „Wie man in den Wald hineinruft, so schallt es heraus."

Herr Flow ist tatsächlich erwachsen geworden. Er begreift, dass es in seiner Verantwortung liegt, ob er seine ISP auf den Sockel hebt, ob er mit ihr eine schleppende Ehe führt oder ob er sie verlässt. Er kann sich frei entscheiden.

Das eine wie das andere ist Ausdruck seiner Interpretation, seines Denkens und Handelns.

Tja, denkt da Herr Flow, ob Himmel oder Hölle, schuld sind nie die anderen ...

Herr Flow entscheidet sich für den Himmel. Er, seine ISP, die Ehe – zu allem sagt er ein hundertprozentiges JA. Weil er es so will.

Weil er es so will, ist er der Achterbahn des Lebens nicht länger hilflos ausgeliefert, sondern ist Schöpfer der Möglichkeiten, um Höhen, Tiefen und Kurven unbeschadet zu überstehen.

Weil er es so will, sieht er seine Intensivsozialpartnerin mit ganz anderen (und wieder verliebten) Augen, bewundert sie wie vor vielen Jahren, begehrt sie wie beim ersten Kennenlernen.

Und das mit ihrem Kinderwunsch – na, das wird schon.

Happy

Warnung:
Erfolg soll ein Leuchtturm sein, der den Weg weist, aber kein Liegeplatz, an dem man festmacht.

End

Denn die Schrecklichen 4 lungern immer irgendwo herum.